le guide di

Collezione da Tiffany & arturo

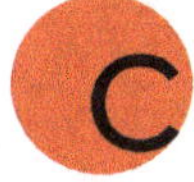

francesca gasparetto

il tagliando alla tua collezione d'arte

guida pratica
al monitoraggio degli ambienti

Francesca Gasparetto

il tagliando alla tua collezione
guida pratica al check-up periodico della tua collezione

ISBN 978-88-32232-20-2

© 2022 con-fine
Tutti i diritti riservati.

con-fine. libri per il collezionismo
Viale XI Febbraio, 11 - 60121 Pesaro (PU)
www.con-fine.com
info@con-fine.com

Nessuna parte di questo libro può essere riprodotta o trasmessa in qualsiasi forma o con qualsiasi mezzo elettronico, meccanico o altro senza l'autorizzazione scritta dei proprietari dei diritti e dell'editore.

Prima edizione con-fine: Gennaio 2022

Illustrazione di copertina e di navigazione:
Francesca Gasparetto

Icone:
Umer Younas, Ongycon, Zohaib Bajwa, Eucalyp, Groovy Icons, Iconsparks, Muhammad Atiq, Savannah Vize, DinosoftLab, iconsphere, Jino, Maxim Kulikov, Pixelz Studio, Kiran Shastry, Vectors Point, Zahroe from the Noun Project

www.collezionedatiffany.com
www.arturo.uno

a *Ch Ch Ch*

Intro

1

2

3

4

5

6

about

a cosa serve e come usarla 11
4 regole base 23

parametri ambientali 29

ambienti 41

documentazione 51

sicurezza 59

in pratica 63

conservare 73

77

a cosa serve
come usarla

Per cominciare...

Molti collezionisti, appassionati di arte contemporanea, credono che le loro opere non abbiano bisogno di controlli specifici o di una cura particolare. Al contrario, le opere contemporanee spesso hanno bisogno di più manutenzione e attenzione di quelle tradizionali.

Abbandona perciò l'idea che *più antico* significa *più fragile*. Gli artisti contemporanei impiegano spesso materiali molto nuovi, di cui non si conoscono bene i meccanismi di degrado.

Perciò, per preservare l'opera da un invecchiamento troppo veloce, l'unica possibilità è cercare di mantenere l'ambiente introno ad essa più stabile possibile. Questo, d'altra parte, è un presupposto universale e valido per qualsiasi tipo di collezione.

La conservazione preventiva non è un'attività rivolta solo alle collezioni di arte antiche, ma riguarda tutte le tipologie di oggetti. Dalla scultura lignea policroma lombarda del Seicento alle tele estroflesse di Bonalumi; dai dipinti manieristi del Pontormo alle installazioni polimateriche di Kounellis; dalle ceramiche di Picasso alle fotografie di Ghirri.

Quindi quando si parla di conservazione, ci si rivolge a tutta l'arte. E addirittura, in una forma tutta sua, si può parlare di conservazione preventiva anche per la Media Art.

Potrai considerare questo testo come una breve guida alla corretta documentazione dell' ambiente in cui è esposta o custodita la tua collezione: arturo ti farà vedere come registrare i dati fondamentali e monitorare al meglio l'evoluzione della tua collezione.

Ma ricorda, nel dubbio consulta un restauratore-conservatore professionista. Attività di conservazione dirette e specifiche andrebbero eseguite e messe in partica solo da tecnici esperti.

Questo libro ti aiuterà a...

Capire quali sono i parametri importanti da tenere sott'occhio

Temperatura e umidità, ma non solo. arturo ti fornisce semplici check-list o tabelline pensate per supportarti nella raccolta dati. Immaginale come delle mappe che ti guideranno nel viaggio verso la conservazione della tua collezione.

Monitorare i parametri importanti

Con questa breve guida avrai a disposizione una panoramica degli strumenti che potrai impiegare per tenere traccia delle variazioni microclimatiche che interessano i tuoi ambienti e saprai come valutare il livello di illuminazione di una stanza.

Misurare al meglio i livelli generali di sicurezza per la tua collezione

La sicurezza della tua collezione deve tener conto di tutte le misure, le procedure e i dispositivi che garantiscono la protezione dei tuoi oggetti. arturo ti fa vedere quali strumenti poter applicare per poter dormire sonni tranquilli.

Ma cos'è il Tagliando Collezione?

Il Tagliando Collezione consiste in una serie di **operazioni di controllo periodico**, cioè nel monitoraggio di alcuni parametri fondamentali al fine di **mantenere in sicurezza la tua collezione**.

In buona sostanza, si tratta di una delle attività di manutenzione ordinaria che interessa la **gestione degli ambienti dove è custodita la tua collezione**, siano essi spazi di deposito o ambienti vissuti e frequentati quotidianamente.

Ma perché arturo tiene così tanto al Tagliando?

Gli interventi da eseguire nel contesto del Tagliando, spesso senza spese poiché svolti dallo stesso collezionista, in molti casi sono in grado di **prevenire problematiche** ben più onerose e gravi per lo stato di salute degli oggetti.

Ad esempio, monitorare l'andamento della temperatura e dei livelli di umidità all'interno della stanza in cui sono esposte tele dipinte ad olio, permette di essere certi che non ci siano elevati sbalzi termo-igrometrici che potrebbero causare diversi degradi, come ad esempio sollevamenti e cadute del colore.

Nello specifico caso, le fibre della tela, infatti, assorbono e rilasciano umidità, causandone il rigonfiamento.
E se questo avviene ripetutamente in lassi di tempo brevi viene danneggiata irrimediabilmente la struttura della tela stessa.

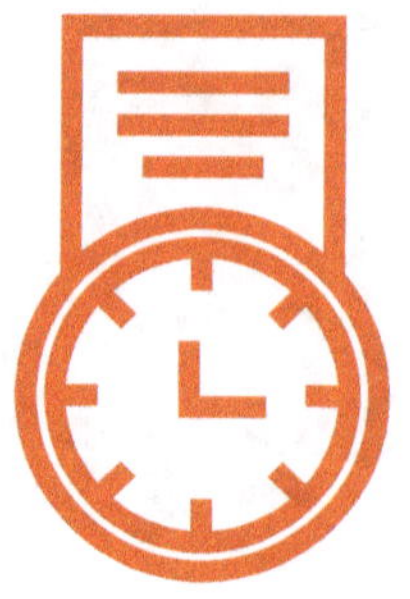

Ogni quanto andrebbe fatto un Tagliando Collezione?

La lista dei vari tagliandi che una collezione dovrebbe eseguire e la periodicità sono facilmente definibili con una breve consulenza da parte di un conservatore esperto che, sulla base delle tipologie di oggetti che costituiscono la collezione e le caratteristiche ambientali dell'area geografica in cui si trova, può **definire periodicità e parametri fondamentali da tenere sotto controllo**.

arturo ha ideato il Tagliando Collezione come servizio indispensabile, poiché fornisce a ogni collezionista che desidera prendersi cura al meglio della sua collezione un metodo corretto e semplice per farlo.

Senza grandi spese, è possibile tenere d'occhio lo stato di salute generale della propria collezione, semplicemente applicando pochi e semplici gesti.

Ecco una guida che ti spiega passo dopo passo cosa e come fare.

Istruzioni per l'uso

Per rendere tutto più agevole e permettere una lettura a più livelli, in alcuni punti della guida troverete delle sezioni contrassegnate da icone che vi permetteranno una navigazione più semplice attraverso il mondo della conservazione.

promemoria

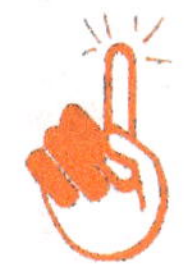

i box contrassegnati con questa icona contengono un rapido riassunto delle cose principali da ricordare.

consigli dell'esperto

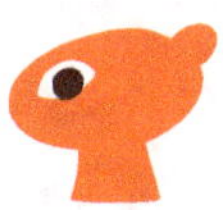

i box con questa icona contengono dei consigli utili frutto dell'esperienza sul campo.

domanda

i box con questa icona contengono le domande che arturo ti pone e a cui tu devi rispondere per decidere come procedere in determinate situazioni

attenzione

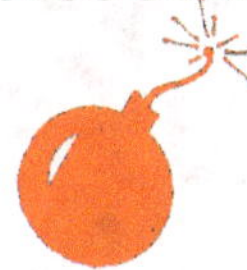

infine i box con questa icona vi metteranno in guardia dai rischi più comuni per evitarvi brutte sorprese.

4 regole base

1 Attenzione

2 Osservazione

3 Collocazione

4 Sicurezza

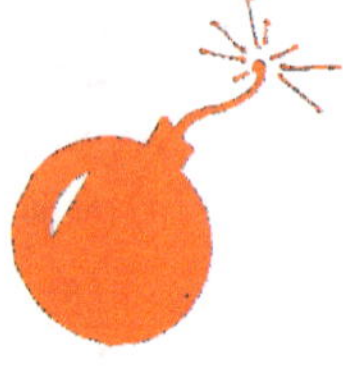

Se ti sembra necessario procedere con un'operazione di messa in sicurezza e/o di manutenzione straordinaria, fallo solo dopo la consulenza di personale esperto, cioè sotto la guida del tuo restauratore di fiducia.

Porre una particolare attenzione ai materiali costitutivi delle opere.
Cerca di conoscere sempre i materiali costitutivi delle opere che possiedi in collezione. Se non ti è stata fornita una scheda tecnica al momento dell'acquisto, chiedi una consulenza a un esperto che può darti le giuste indicazioni ed eventualmente svolgere le necessarie indagini conoscitive.

Osservare attentamente l'ambiente e gli oggetti.
Saper osservare è ciò che ti permette conoscere al meglio ciò che possiedi e il luogo in cui lo custodisci. Con un'attenta osservazione è possibile rispondere a molte delle domande che troverai in questa guida.

Disporre ogni oggetto in modo che sia facilmente raggiungibile e, se possibile, ispezionabile senza movimentarlo.

Agire in sicurezza, soprattutto per te stesso, ma anche per i tuoi oggetti.

Occorrente

Prima di poter cominciare a lavorare è necessario dotarsi degli **strumenti indispensabili** per fare le rilevazioni suggerite.

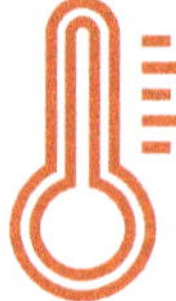

termometro

per misurare la temperatura

Tutti ne hanno uno in casa, di tipo analogico (a mercurio) o digitale con il display.

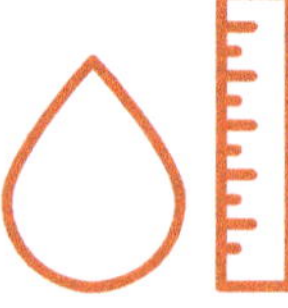

termoigrometro

la somma di termometro e igrometro.
Si trova in forma di sonda e si impiega per misurare puntualmente l'umidità relativa e la temperatura dell'aria.

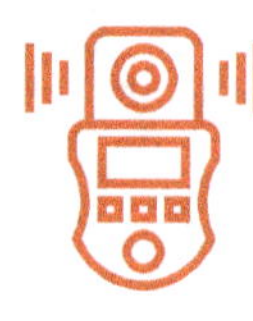

luxmetro

per misurare il grado di illuminazione

datalogger

per registrare automaticamente e secondo lassi di tempo regolari i valori di Temperatura e Umidità. Restituisce tabelle e grafici dell'andamento dei parametri.

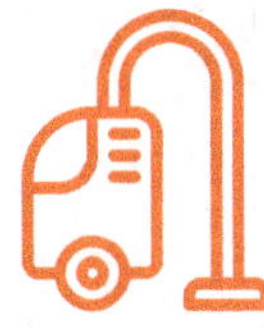

aspirapolvere e panno elettrostatico

per tenere in ordine l'ambiente che circonda la tua collezione

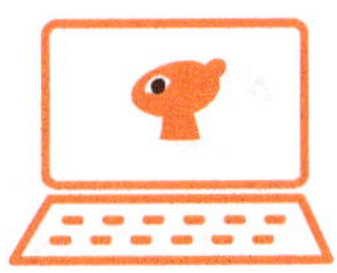

PC per registrare i dati che raccogli

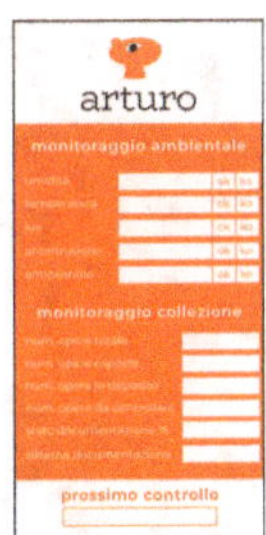

la card tagliando di arturo

1

parametri ambientali

come faccio a controllare i parametri ambientali?

La scelta e il settaggio delle condizioni microclimatiche adeguate dipendono dalla tipologia di oggetti da cui è composta la tua collezione.

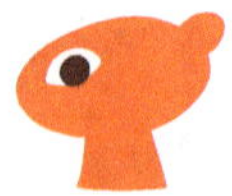

L'umidità il parametro da tenere maggiormente sotto controllo.
Proprio dall'umidità insorgono i problemi più gravi, perché spesso gli oggetti da collezione sono costituiti da materiale organico (come la carta o la tela o il legno) che assorbono appunto l'umidità.

Sebbene spesso i parametri ambientali siano dimenticati o sottovalutati da molti collezionisti, sono realmente **il primo passo necessario** per evitare l'insorgere di danni che possono compromettere lo stato di conservazione delle tue opere d'arte.

Molti studi scientifici lo hanno dimostrato e per questo motivo il primo passo di una corretta conservazione è dedicato al settaggio delle condizioni microclimatiche corrette.

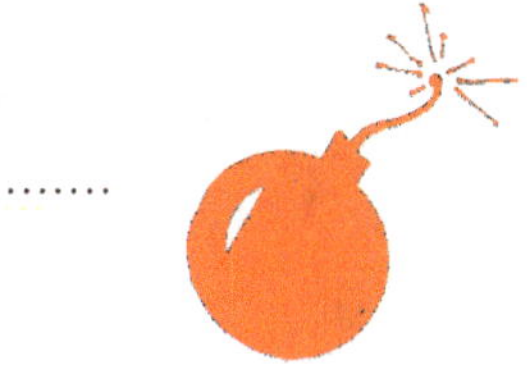

Se la tua collezione è caratterizzata da oggetti diversi, costituiti da materiali diversi, non ti preoccupare! Ti sarà richiesta una maggiore attenzione nel documentare le tue opere, ma sarà possibile trovare la soluzione ottimale anche in questo caso.

Non ti spaventare, non è un'attività complicata.
È solo necessaria un po' di attenzione e costanza.

I principali fattori ambientali da tenere sott'occhio sono in linea di massima tre:

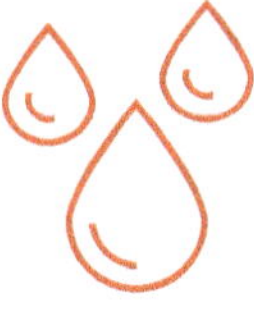

L'umidità

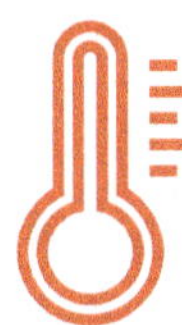

La temperatura

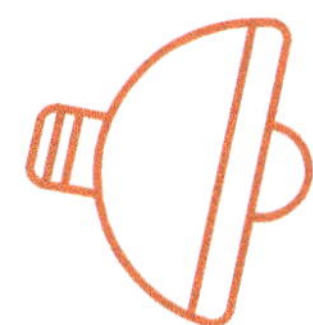

L'illuminazione

L'obiettivo

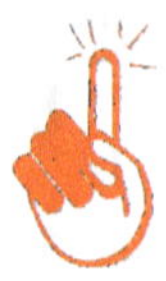

cercare di mantenere un ambiente il più possibile costante all'interno dei parametri corretti, che variano in base alla tipologia di oggetto che si vuole conservare.

La **qualità dell'aria** è uno degli aspetti fondamentali per la conservazione corretta delle tue opere.
Non solo, anche la **costanza dei valori** che definiscono la qualità dell'aria è un aspetto da non sottovalutare.

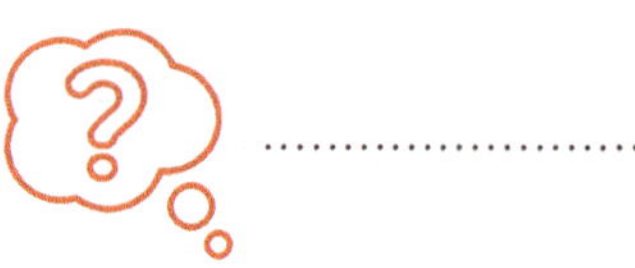

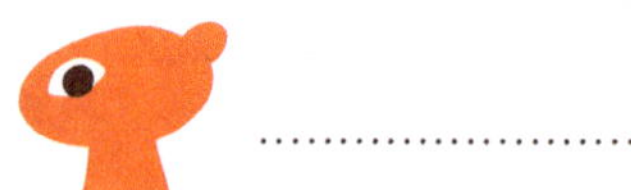

Allora, cosa deve fare il buon collezionista?

Monitorare e mappare le eventuali variazioni.
E lo dovrebbe fare in lassi di tempo regolari.

Utilizzando la card tagliando di arturo,
può **segnalare i dati che legge sui suoi strumenti** e comunicarli al conservatore, che così anche a distanza può capire l'andamento generale.

Un data logger può aiutarti!
Se ti sembra di perdere tempo o se hai paura di dimenticarti di registrare i dati costantemente, esistono strumenti come i **data logger** che, una volta installati nell'ambiente che si desidera monitorare, annotano temperatura e umidità consegnando alla fine del periodo stabilito report dettagliati del loro andamento.

Cos'è un data logger e come fai a scegliere quello giusto?

Spesso nelle nostre case la temperatura è variabile. È facile, anche per una questione di risparmio energetico, non tenere sempre i riscaldamenti o i sistemi di condizionamento accesi.

Ma questo determina delle oscillazioni dei valori della temperatura e dell'umidità – soprattutto durante la mezza stagione - e non sempre è positivo per le tue opere.

Per poter continuare a vivere normalmente occorre tenere sotto controllo queste variazioni.

Quali sono i modelli utili ad un collezionista?

I modelli che possono risultare utili ad un collezionista che non vuole, come si suol dire, esagerare, dovrebbero primariamente

- **essere facili da programmare**
- **avere una memoria adatta sulla base di quante volte si desidera scaricare i dati.**

Insomma, niente di estremamente tecnologico, ma qualcosa di ben funzionante.

Per intenderci:
non è il caso che sappia rilevare misure di temperature anche inferiori allo 0 °C ... non credo che la temperatura di casa tua possa mai scendere così in basso!

Il data logger è un registratore di dati automatico, che permette di **ottenere facilmente dei report sulle caratteristiche ambientali** semplicemente scaricandoli con una chiavetta USB sul tuo computer.

È certamente uno strumento tecnico, ma non ti spaventare: è davvero facile da usare!

Questi piccoli strumenti digitali registrano da soli temperatura e umidità e permettono di esportare delle tabelline in Excel che **restituiscono una panoramica molto chiara delle condizioni ambientali** in cui vivi tu e/o dove stanno i tuoi oggetti. Puoi anche impostare secondo le tue esigenze la frequenza con cui registrano la misurazione.

Ci sono diverse fasce di prezzo e alcuni presentano caratteristiche tecnologiche anche molto elevate.
I data logger infatti sono impiegati anche nel settore alimentare (catena del freddo, supermercati, frigoriferi di ristoranti, ecc.).

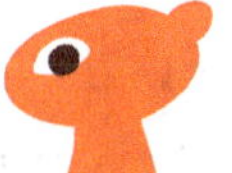

Controllo temperatura e umidità

Come detto sopra, il controllo di temperatura e umidità - e la loro successiva valutazione - **dipende dalla tipologia di materiali** che si ha in collezione.

Senza dubbio le collezioni più complicate da gestire in termini conservativi sono quelle che presentano diversi oggetti polimaterici, caratteristica tipica degli oggetti molto contemporanei.

Per questo, di seguito si riporta una tabella che riassume **le caratteristiche ambientali necessarie** alla salvaguardia dei diversi materiali.

Il gioco sta nel cercare di mantenere tutto in equilibrio.

Una volta letta questa serie di numeri ogni collezionista dirà: impossibile riuscire ad ottenere ambienti veramente idonei!

In effetti, non è un'osservazione così sbagliata. Anche se da un punto di vista teorico è tutto molto lineare, dal punto di vista pratico invece le cose si complicano per via di molte condizioni al contorno.

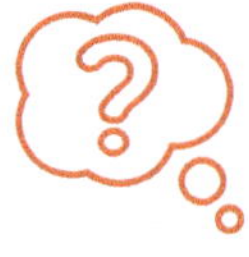

E allora, altra domanda che si pone il buon collezionista: **come posso fare?**

In fase di compilazione del Tagliando è sufficiente monitorare le variazioni di parametri.

Quindi basterà annotare i parametri per ogni stanza lungo un periodo di tempo definito e poi, solo in un secondo momento, si capirà come agire per uniformarli.

Materiale	UR %	T(°C)
Bronzo	<55	
Carta	50-60	19-24
Marmi e pietre	45-60	<30
Cuoio e pelli	50-60	
Dischi e nastri	40-60	10-21
Fotografie (B/N) su supporto cartaceo, materiale plastico e vetro	20-30	2-20
Legno / Legno policromo	50-65	19-24
Libri	50-60	19-24
Plastiche	30-50	
Pastelli, Acquarelli, Disegni, Stampe	50-60	19-24
Dipinti su tela	40-50	19-24
Dipinti su legno		
Tessuti	40-60	

da F.Manoli, Manuale di gestione e cura delle collezioni museali.
Le Monnier Università - Mondadori Education, Milano. 2015

2

ambienti

come faccio a gestire gli ambienti della mia collezione?

Gli edifici storici presentano diverse difficoltà nell'installazione di climatizzatori e lo scambio termico con l'esterno è spesso un argomento molto delicato, anche a causa degli infissi che non sempre possono essere sostituiti con tanta facilità.

Continuiamo con un'altra domanda: il sistema di condizionamento e/o di riscaldamento dei tuoi ambienti è adatto ad una buona conservazione della tua collezione?

Questa forse può essere una domanda più insidiosa, ma vediamo come potersi dare una risposta che, per quanto sommaria, può comunque aiutare a mappare lo stato generale e a compilare correttamente il Tagliando.

Si tratta, in prima battuta, di essere in grado di capire se i sistemi installati riescono a creare una qualità dell'aria buona e con caratteristiche termo-igrometriche costanti.

Questa valutazione dipende anche dal tipo di edificio in cui abiti o in cui conservi la tua collezione.

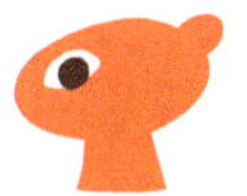

E a proposito di scambi termici, occorre tenere in considerazione anche l'area geografica in cui ti trovi.

Ci sono regioni d'Italia in cui le variazioni di temperatura e livello di umidità che avvengono tra il giorno e la notte, ad esempio, o tra la primavera e l'inverno, sono molto forti.

E allora di nuovo ti chiederai:
cosa posso fare per tenere d'occhio ogni aspetto?

Anche in questo caso la risposta è monitorare.

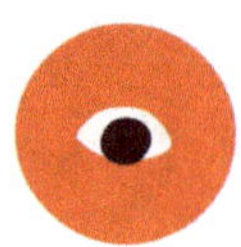

Osserva il tuo ambiente, le tue stanze o il deposito dove tieni gli oggetti.

Osserva attentamente e segna tutto ciò che ti sembra rilevante:

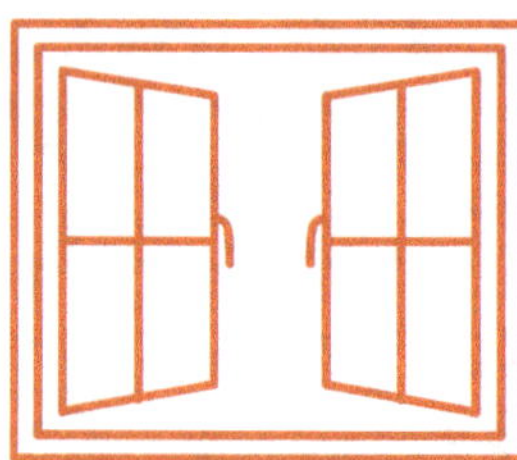

il tipo di finestre e di vetri, il numero delle finestre le dimensioni

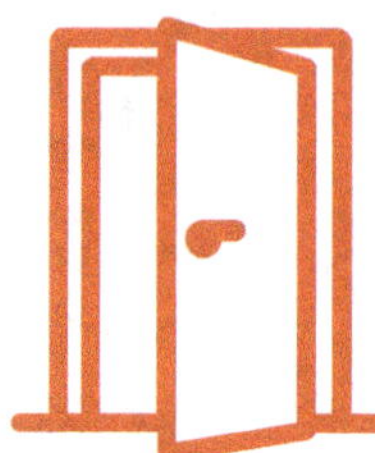

il tipo di porte, il numnero delle porte e la dimensione;

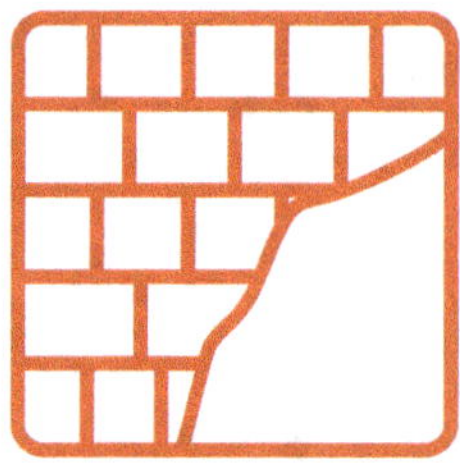

quante e quali pareti sono esterne, se sono coibentate;

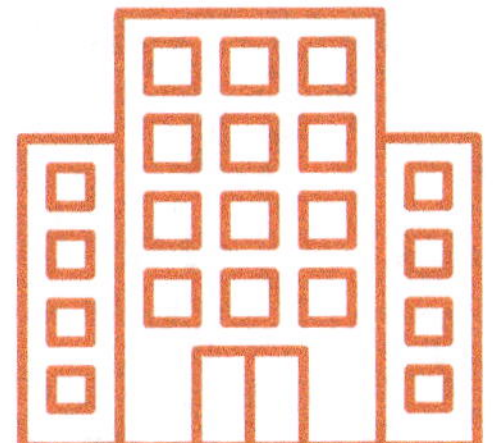

a che piano dell'edificio ti trovi;

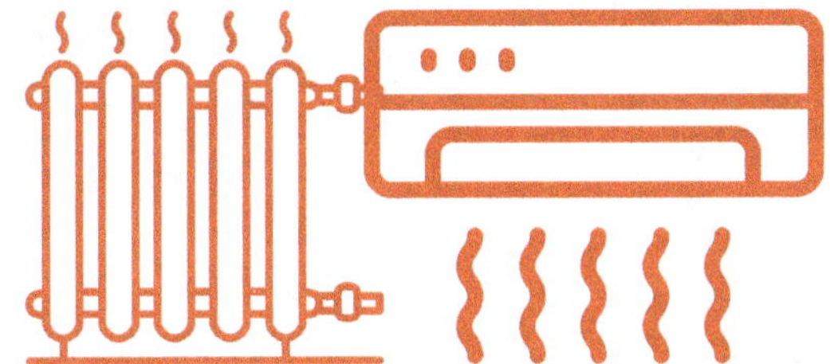

dove sono posizionate le fonti di calore/raffreddamento artificiale;

quando hai installato, sostituito o revisionato i tuoi sistemi di condizionamento e/o riscaldamento;

quante volte li accendi.

Se le risposte non ti soddisfano, ti spaventano e ti accendono qualche lampadina, allora significa che il tuo Tagliando sta funzionando.

In tal caso, occorre **agire sull'ambiente**, sulla sua struttura, e cercare di ottenere parametri più soddisfacenti.

Per il collezionista che vuole agire in maniera professionale, quasi come se fosse un museo, esistono davvero molte soluzioni tecnologiche e avanzate. Il microclima dei tuoi spazi, infatti, può essere controllato e mantenuto stabile con impianti che permettono di autoregolarsi per mezzo di sensori automatizzati.

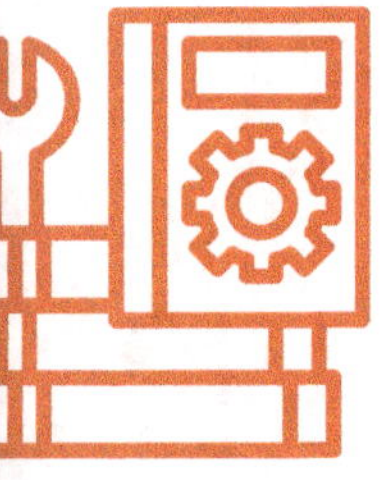

Ma anche per chi non crede sia così importante rivoluzionare l'intero sistema di casa propria, esistono dei piccoli escamotage per migliorare la situazione, a basso impatto sia infrastrutturale che soprattutto economico.

Queste soluzioni dipendono dalle tipologie dai valori segnati nel tuo Tagliando e dalle caratteristiche che tu hai osservato e segnalato.

3

documentazione

come faccio a documentare la mia collezione?

Bene, arriviamo alla parte che preferisco: la documentazione.

Pochissimi collezionisti sanno soddisfare ciò che arturo sta per chiederti.
Vediamo se tu sei uno di quelli...

Molto **probabilmente hai un elenco delle opere che possiedi**, forse organizzato in ordine alfabetico per autore, forse per anno di acquisto.
In ogni caso, segue una tua precisa logica.

Sicuramente questo elenco è completo dei dati riguardo l'autore, il titolo, l'anno di realizzazione, la tecnica di realizzazione, l'anno di acquisto.
Forse il costo a cui l'hai acquistato e il suo valore assicurativo. Forse la provenienza.

Proprio a quella voce dell'elenco andrebbe associata un'adeguata documentazione fotografica e anche qualche nota riguardo eventuali piccole problematiche, che con il tempo potrebbero diventare enormi.

Ma hai anche un numero di inventariazione associato al luogo in cui è esposto o custodito?
Dirai tu: non è necessario, me lo ricordo.

Ma sai anche descrivere lo stato conservativo di quando l'hai comprato, come stava e come invece sta oggi?

Puoi essere certo che non ci sono state variazioni, alterazioni, deformazioni ecc.?

Che collezionista sei?

Dunque, per poter fare una valutazione del livello della tua documentazione generale, sarà sufficiente concentrarsi sul grado di organizzazione dei materiali.

Prova a farti qualche domanda e a vedere che tipo di collezionista sei. Secondo me, è anche divertente!

- Hai un tuo archivio personale?
- Hai un archivio cartaceo o un database digitale?
- Possiedi lo stesso tipo di materiale documentario per ogni opera?
- Che tipo di materiale documentario possiedi (quanto ne possiedi)?
- Come e dove conservi autentiche e documentazione di acquisto?

Dalla risposta a queste semplici domande, secondo me, potresti saprai capire se sei un collezionista documentatore o solo un collezionista organizzato. Oppure se non sei né documentatore né organizzato, ma solo un collezionista.
E, ti provoco, più vicino ad essere un accumulatore.

In effetti, dalla esperienza di arturo, esistono diverse tipologie di collezionisti.

Il più diffuso probabilmente è il **collezionista "consapevole"**, preciso e molto organizzato. Conosce la sua collezione e possiede una buona documentazione di ogni opera che compra. Nella maggior parte dei casi, infatti, ha dedicato un'ampia parete della sua casa all'archivio cartaceo, composto da faldoni ben riempiti di fascicoli che descrivono provenienza e costo di acquisto di ogni oggetto.

Altra categoria è **il collezionista "istruito"**, colui che colleziona per questioni di studio e lavoro; è facile definirlo come un addetto ai lavori, perché spesso si tratta di storici dell'arte o giornalisti del settore.

Poi esiste **il collezionista "accidentale"**, tipicamente disorganizzato perché è diventato collezionista in seguito ad eventi casuali (come ad esempio un'eredità).

Infine ecco **il collezionista "ansioso"**, compulsivo e sommerso da opere, che rincorre un po' le molte passioni che lo caratterizzano. Ovviamente si ritrova sommerso da dati di ogni genere e prova una sensazione di spaesamento ogni volta che deve pensare di gestirli in qualche modo.

Ti annuncio che – almeno secondo il mio parere, dovresti provare a rientrare in una delle prime due categorie. E questo perché hai bisogno di una reale consapevolezza per gestire la tua collezione correttamente e pensare alla conoscenza delle tue opere come a un sistema di informazioni ben sistematizzato ti aiuta in maniera sostanziale nel monitoraggio, nella crescita e nel management di ciò che possiedi.

4

sicurezza

Infine **la tematica della sicurezza**.

Anche in questo caso per compilare facilmente il Tagliando occorrerà farsi poche domande:

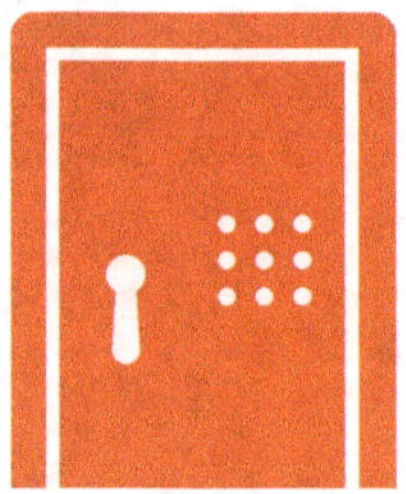

La porta di accesso è blindata o presenta un buon sistema di chiusura?

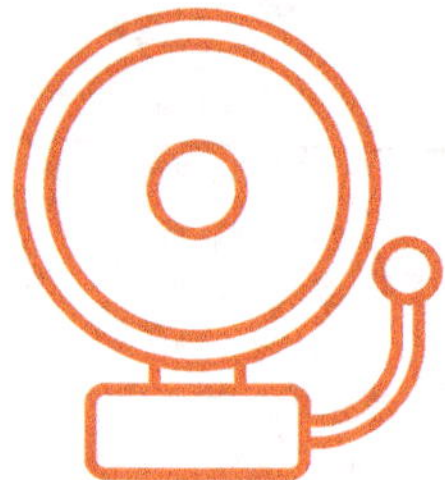

Ho un sistema di allarme antintrusione? È collegato a qualche impresa di vigilanza pubblica/privata?

Ho un rilevatore fumi o un allarme antincendio?

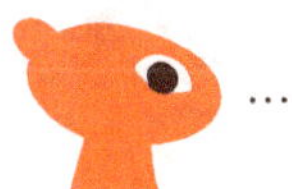

Ovviamente quando un tecnico o un esperto parla di livello di sicurezza della tua collezione, non fa riferimento solo al possibile furto o alla possibile catastrofe emergenziale (come ad esempio l'incendio).

Quando si valuta la sicurezza, **arturo guarda anche alla sicurezza conservativa** cioè ai rischi a cui l'intera collezione è esposta da un punto di vista microclimatico, di perdita di materiale documentale, di perdita di valore economico, ecc.

Tuttavia in questa fase di compilazione del Tagliando non è richiesto un livello di approfondimento così elevato e soprattutto non sarebbe possibile valutare i diversi rischi in maniera autonoma.

Si tratta di un'attività preliminare, normalmente svolta prima di redigere la progettazione delle attività conservative e preventive.

5

in pratica

Consigli pratici

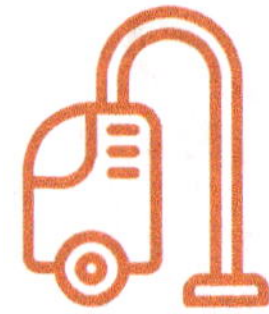

Tra i materiali necessari, era indicato anche l'aspirapolvere e il panno elettrostatico. Non ti preoccupare, non ti sto per chiedere di fare le pulizie nei tuoi depositi o negli ambienti in cui esponi i tuoi oggetti.

È abbastanza normale, spostando qualche opera della tua collezione, trovarci sopra uno strato più o meno spesso di polvere.
Ed altrettanto normale pensare: "eh, un po' di polvere, che sarà mai?"

Ma quella che tutti noi comunemente chiamiamo polvere, quando parliamo di opere e collezioni, non è mai semplice e leggerissima polvere.

La polvere una volta depositata su una superficie non rimane semplicemente appoggiata, ma diventa uno strato compatto costituito da legami di tipo fisico tra una particella e l'altra.

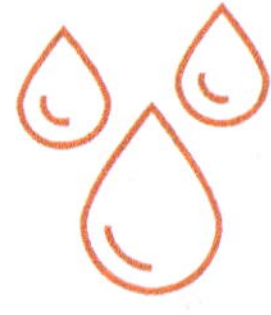

E se l'ambiente presenta un'umidità discretamente elevata (e questo lo puoi sapere solo compilando il Tagliando regolarmente), l'acqua può condensarsi tra le particelle di pulviscolo, compattandole e facendo da collante.

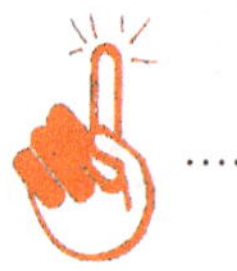

Quindi, il consiglio pratico è che mentre osservi i tuoi ambienti e ti fai le domande necessarie a compilare il Tagliando, forse potresti passare l'aspirapolvere sui pavimenti e spolverare le superfici dei mobili o degli scaffali, eliminando così la gran parte di polvere presente nell'ambiente e diminuendo la possibilità che questa si vada a depositare sulle superfici di dipinti, sculture e oggetti vari.

come funziona il tagliando collezione?

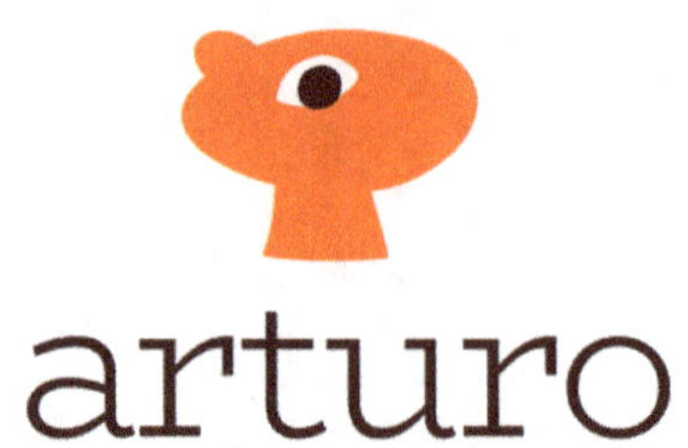

arturo

monitoraggio ambientale

umidità		ok	ko
temperatura		ok	ko
lux		ok	ko
antintrusione		ok	ko
antincendio		ok	ko

monitoraggio collezione

num. opere totale	
num. opere esposte	
num. opere in deposito	
num. opere da controllare	
stato documentazione %	
sistema documentazione	

prossimo controllo

Il tagliando è suddiviso in due sezioni:

monitoraggio ambientale: tutti i parametri che riguardano le condizioni dell'ambiente in cui si trovano le opere

inserisci in questo spazio il valore dell'umidità rilevato e segna se è ok oppure no

inserisci in questo spazio la temperatura generale dell'ambiente e segna se è ok oppure no

rileva con il luxometro l'intensità della luce che colpisce le opere e valuta se è adatta alle tipologie di opere esposte

è presente un impianto di allarme? è funzionante? Testalo!

è presente un impianto di rilevazione fumi? è funzionante? Testalo!

monitoraggio collezione: le caratteristiche intrinseche alla collezione che possono variare nel tempo

quante opere sono presenti in collezione ad oggi?

quante ne hai esposte?

quante ne hai in deposito?

ci sono opere che vanno controllate? quante sono?

a che percentuale di completamento è la tua documentazione?

che sistema di documentazione stai usando?

segna qui quando farai il prossimo tagliando
(consigliato ogni 6 mesi)

La parola chiave è **monitoraggio**, impara ad osservare.

E per il resto?
Occorre avere la pazienza di **documentare.**

Bastano i pochi strumenti che abbiamo visto per leggere l'umidità, la temperatura e le condizioni di illuminazione e un po' di precisione per cominciare ad essere il **primo buon conservatore** della tua collezione!

Dubbi?
Chiama subito

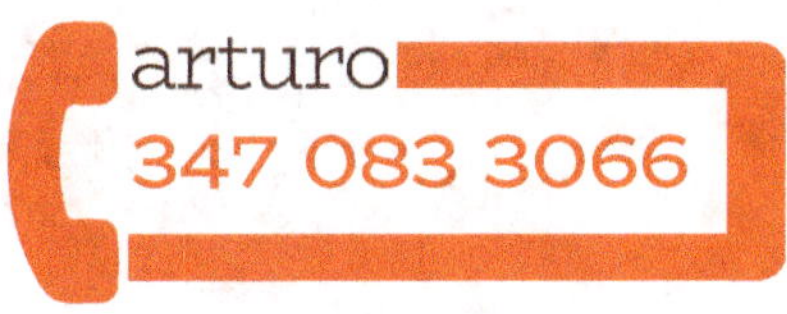

oppure scopri come avere una consulenza personalizzata su

www.arturo.uno/tagliandocollezione

6

conservare

La conservazione è un argomento senza dubbio tecnico e so bene quanto possa sembrare difficile cominciare a ragionare in questi termini.

D'altra parte, il mondo dell'arte e del collezionismo non parla spesso di cura quotidiana e di quanto questo prendersi cura faccia parte dei doveri – e perché no, anche dei piaceri - del buon collezionista.

Il Tagliando Collezione rappresenta un primo passo per mettersi alla prova e prendere confidenza con un'attività spesso dimenticata.

Molti collezionisti conoscono bene la loro raccolta, perché hanno scelto con attenzione ogni pezzo.

Per questo motivo credo **non sarà poi così difficile integrare la tua routine con qualche operazione di monitoraggio**.

Magari ti aiuterà a chiamare prima il restauratore ed evitare un restauro costoso; forse ti farà semplicemente stare tranquillo; o magari, osservando i tuoi ambienti e la tua collezione, ti renderai conto di voler continuare a comprare e questa volta potrai farlo ancora più consapevolmente.

about

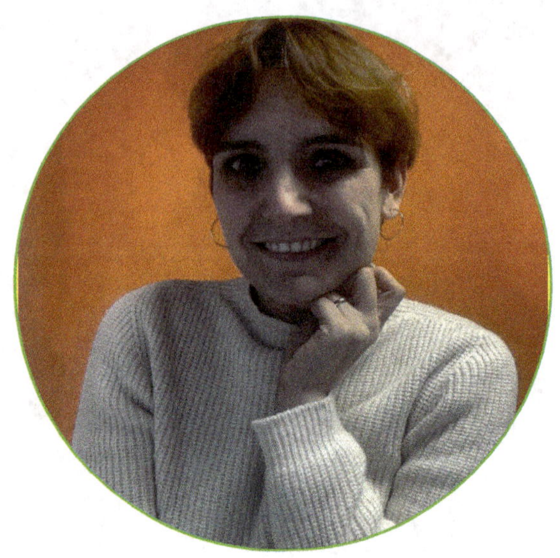

l'autrice
Francesca Gasparetto

Restauratrice professionista con un dottorato di ricerca in tecnologie digitali per il Patrimonio culturale, è autrice di diverse pubblicazioni scientifiche sul tema della documentazione per la conservazione del Patrimonio.

Collabora con l'Università degli Studi di Urbino nell'ambito di progetti europei sul tema della Conservazione ed è Assistant Professor con un corso sulla documentazione digitale.

È cofondatrice della start up arturo che si occupa di documentazione e conservazione in digitale delle collezioni d'arte.

www.linkedin.com/in/francescagasparetto

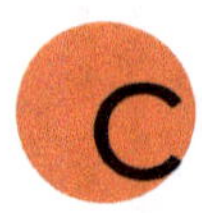

Collezione da Tiffany

Nato il 5 giugno 2012, Collezione da Tiffany è il primo Blog italiano interamente dedicato al collezionismo d'arte contemporanea.

Ogni settimana Collezione da Tiffany offre ai suoi lettori una tappa nello strano mondo del collezionismo, parlandone da vari punti di vista: storico, psicologico, tecnico-pratico, finanziario e legale.

Ma anche raccontandone le storie e le esperienze più interessanti; presentando i luoghi e i nomi della scena artistica contemporanea del nostro Paese.

Insomma, un blog pensato per chi ama l'arte, vorrebbe acquistarla, ma non sa da dove cominciare e, soprattutto, dove e come cercare.

Gli obiettivi principali di Collezione da Tiffany sono:

favorire la nascita, in Italia, di un collezionismo giovane e consapevole;

diffondere la conoscenza e la passione per l'arte contemporanea in ogni sua forma

valorizzare progetti indipendenti legati al mondo dell'arte contemporanea promuovere i giovani artisti italiani di talento;

scoprire i "segreti" del mercato dell'arte, così da renderlo accessibile a tutti

stimolare il dibattito sui principali problemi che affliggono il Sistema dell'Arte del nostro paese.

www.collezionedatiffany.com

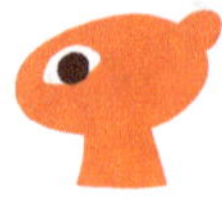

arturo

Nata nel 2020, arturo è una starUp innovativa che ha come mission affiancare i collezionisti nella cura e nella gestione delle proprie collezioni e, in generale, diffondere la cultura della conservazione del patrimonio.

Per questo scopo arturo ha ideato una **piattaforma web** per la documentazione e la conservazione delle opere d'arte, che utilizza una metodo innovativo e in continua evoluzione che permette di documentare e raccontare costantemente la vita di ogni singolo oggetto.

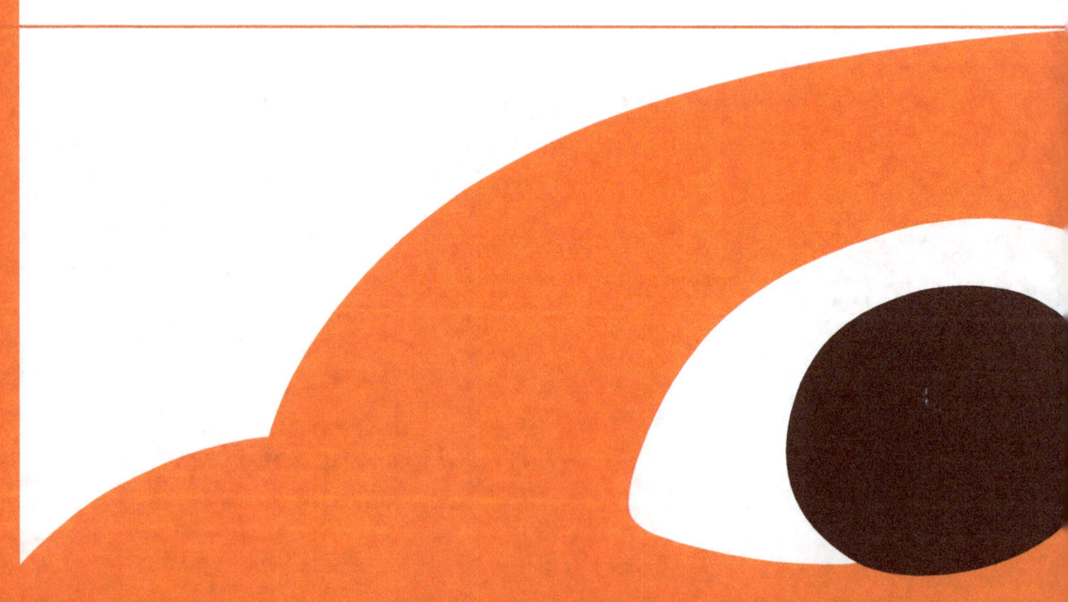

Scopri se il software di arturo è quello di cui hai bisogno per prenderti cura della tua collezione.

Vai su

www.arturo.uno/demo

e richiedi subito una

dimostrazione gratuita

www.arturo.uno

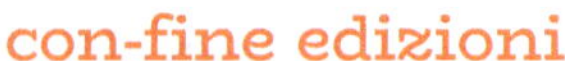

con-fine edizioni

con-fine è una casa editrice nata nel 2006 e specializzata in pubblicazioni d'arte e cultura.

Dopo 15 anni dedicati alla realizzazione di cataloghi di artisti e grandi mostre (oltre 150 pubblicazioni) dal 2021 con-fine diventa editore di Collezione da Tiffany e si focalizza esclusivamente sul mondo del collezionismo, progettando una serie di pubblicazioni sulle tematiche che riguardano questo settore: acquisto, vendita, mercato, conservazione ed aspetti legali, nonchè racconti e storie di piccoli e grandi collezionisti.

www.con-fine.com

arturo

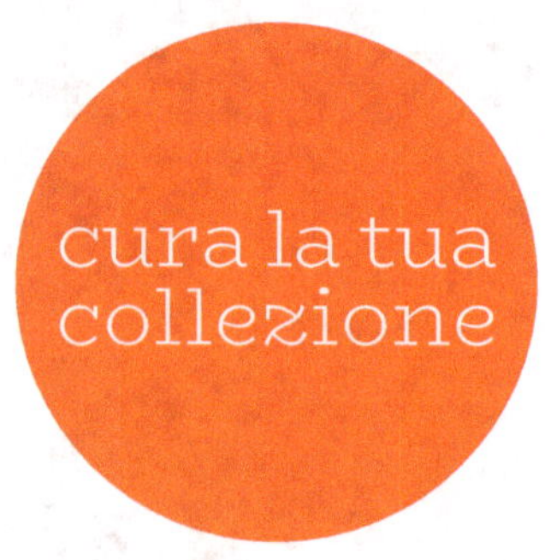

Finito di stampare
per conto di con-fine
nel gennaio 2022

www.ingramcontent.com/pod-product-compliance
Lightning Source LLC
LaVergne TN
LVHW010820200726
843507LV00003B/652